ANALIZA KSIĄŻKI

AF125922

Zew krwi
• • • • • • • • • • • • • • •

JACK LONDON

ANALIZA KSIĄŻKI

Napisany przez Noémie Lohay
Przetłumaczony przez Kâmil Kowalski

Zew krwi

JACK LONDON

JACK LONDON

AMERYKAŃSKI PISARZ

- **Urodzony w San Francisco w 1876 r.**
- **Zmarł w Glen Ellen w 1916 r.**
- **Godne uwagi prace:**
  - *Zew Krwi* (1903), powieść
  - *Wilk Morski* (1904), powieść
  - *Biały Kieł* (1906), powieść

Żądny przygód i zaangażowania Jack London urodził się w San Francisco w 1876 roku. Od 1890 roku jego miłość do otwartego morza prowadziła go do odległych miejsc (Japonia, Anglia, amerykańska daleka północ, Kuba), które stały się inspiracją dla większości jego powieści. Prawdziwy rozkwit jego kariery literackiej nastąpił w 1903 roku dzięki książce *Zew Krwi*, która odniosła natychmiastowy sukces.

Obok działalności literackiej Jack London zaangażował się w politykę, wstępując do partii socjalistycznej. Następnie w 1904 roku był korespondentem wojennym na froncie rosyjsko-japońskim. Znużony niekończącymi się problemami finansowymi i nadmiernym spożywaniem alkoholu Jack London zmarł w 1916 roku w wieku zaledwie 40 lat. Dziś uważany jest za jednego z największych amerykańskich autorów.

ZEW KRWI

LUDZKA PRZYGODA

- **Gatunek:** powieść dla dzieci

- **Wydanie referencyjne:** London, J. (1903) *The Call of the Wild*. [Online]. USA: Elegant Ebooks. [Dostęp 1 września 2016]. Dostępny w: <http://www.ibiblio.org/ebooks/London/Call%20of%20Wild.pdf>.

- **Pierwsze wydanie:** 1903

- **Tematy:** wilk, Ameryka Północna, lojalność, instynkt, przetrwanie

Zew Krwi był podstawą sukcesu Jacka Londona. Został przetłumaczony na wiele języków i nadal odnosi takie same sukcesy dzisiaj, jak to miało miejsce w momencie wydania. Książka ta, poprzez swój zarówno poetycki, jak i bardzo prosty sposób pisania, sławi wierność, wielkość i nieprzewidywalność psów oraz piękno dzikich zakątków Północy. Ale opowiada też, metaforycznie, o imponującej ludzkiej podróży.

Niektórzy krytycy literaccy dostrzegli w tekście również przedstawienie autora jako psa, a także odniesienia do darwinizmu poprzez brutalne czyny popełniane w celu uzyskania dominacji i przetrwania.

PODSUMOWANIE

W PRYMITYWNOŚĆ

Pies Buck od czterech lat mieszka z rodziną sędziego Millera na południu Stanów Zjednoczonych, gdy trafia na przygody związane z północną gorączką złota. Sprzedany sprzedawcy psów, zostaje uderzony i podróżuje przez 48 godzin w pociągu w małej klatce bez jedzenia i wody. Trafia do Seattle, do innego sprzedawcy psów, który z przerażającą dzikością uczy go jego przyszłego miejsca wśród ludzi. Buck rozumie wtedy, że nie może stawić czoła uzbrojonemu człowiekowi ("Człowiek z kijem był prawodawcą, panem, któremu należy się podporządkować" s. 12). Mimo to zachowuje swoją godną postawę.

Perrault, kurier pracujący dla rządu kanadyjskiego, i jego przyjaciel François kupują Bucka. Wysiadając z nimi z łodzi, na Północy, Buck odkrywa śnieg, którego nigdy wcześniej nie widział, a jego zaskoczone reakcje wywołują śmiech obu mężczyzn.

PRAWO KIJA I KŁA.

Buck bardzo szybko dowiaduje się, że na Północy obowiązuje tylko jedno prawo; prawo kłów (wśród psów) i maczugi (broń, której mężczyźni używają do kontrolowania psów). Czeka go nowa męka – zostaje zaprzęgnięty w uprząż. Umieszczony pomiędzy Dave'em a Sol-Leksem, Buck odkrywa wszystkie aspekty życia psa zaprzęgowego:

- jak zrobić dziurę w śniegu, aby spać bez utraty ciepła ciała;
- jak kraść jedzenie (czyn uzasadniony "bezwzględną walką o byt", s. 21);
- jak znosić ból, wyciągać lód, który utknął w jego łapach, przekopywać się przez lód w poszukiwaniu wody, nosić skórzane kapcie i biegać w temperaturach graniczących z 50 stopniami poniżej zera;
- jak poprawić swój zmysł węchu i słuchu oraz zobaczyć wściekliznę;
- walka o dominację w grupie – Spitz, przywódca stada, postrzega Bucka jako swojego najsilniejszego przeciwnika.

Buck dobrze radzi sobie z pracą i stara się pomagać słabszym psom, ale nienawidzi Spitza i chce zająć jego miejsce jako przywódcy stada. Pewnej nocy, gdy idzie upolować królika, Buck widzi, że Spitz idzie za nim i go obserwuje. Dla Bucka jest to szansa na ostateczne starcie. Po krwawej walce Buck pokonuje Spitza i jest zachwycony. Pozwala nawet innym psom zjeść martwe ciało swojego przeciwnika.

BUCK PRZEJMUJE DOWODZENIE

Buck uważa, że zasługuje na swoje miejsce jako przywódca stada, a Perrault i François są zmuszeni to zaakceptować. Nie są zawiedzeni, ponieważ Buck wie, jak zmusić wszystkie inne psy do pracy i jak zawsze znaleźć właściwą drogę. Psy są ponownie wykorzystywane przez pocztę i odbywają krótsze, bardziej regularne podróże. Buck kontynuuje swoją pracę jako lider, choć trasy są teraz mniej interesujące. Często myśli o rodzinie sędziego, o Spitzu i walkach, ale nie tęskni za domem, bo czuje swoje pierwotne instynkty i pamięta życie w zimnie.

ZMĘCZONY UPRZĘŻĄ I DROGĄ

Przepracowane przez długą pracę, psy są przygnębione i straciły na wadze, gdy wracają do miasta Skagway. Zostają kupione za fatalną kwotę przez dwóch mężczyzn i kobietę, którzy chcą wyjechać na północ w poszukiwaniu złota. Ich brak doświadczenia szybko daje o sobie znać, jedzenie i stres są źle zarządzane, psy zaczynają umierać od ćwierć drogi podróży i mężczyźni zaczynają się kłócić. Podróżnicy docierają do ujścia rzeki White River na początku wiosny, kiedy lód na rzece zaczął już topnieć, z zaledwie pięcioma psami. John Thornton, mieszkający tam poszukiwacz złota, ostrzega ich przed niebezpieczeństwami związanymi z przekraczaniem rzeki. Buck nie może tego zrobić, wyczuwając niebezpieczeństwo i będąc zbyt słabym. Nie reaguje na zadawane mu ciosy, ale Thornton nie może znieść oglądania tego brutalnego widowiska i zatrzymuje mężczyznę. Rozwiązuje uprząż Bucka i przyprowadza go, by stanął obok niego. Razem patrzą, jak inni toną, gdy lód ustępuje pod ich ciężarem.

Buck zostaje ciepło przyjęty przez Skeeta i Nig, psy Thorntona. Między mężczyzną a Buckiem rozwija się silna przyjaźń. Jego miłość do Thorntona jest wszechogarniająca; udowadnia to ryzykując własne życie, by uratować go przed utonięciem i przeciągając ciężar 1000 funtów, by wygrał zakład.

WEZWANIE

Z wygranymi pieniędzmi Thornton, jego dwaj koledzy i ich psy wyruszają na poszukiwanie złota we wschodniej Kanadzie. Przemierzają dzikie, niezbadane dotąd regiony i w końcu trafiają na źródło złota. Rozstawiają się tam, a Buck, który bardzo dobrze czuje się w tym odizolowanym regionie, coraz głośniej słyszy dalekie wołanie, które ciągnie go w stronę lasu, a wspomnienie tego regionu i "krótkonogiego włochatego mężczyzny" (s. 73) prześladuje go.

Pewnej nocy wezwanie to konkretyzuje się w krzyku wilka, z którym Buck idzie na spotkanie. Rozumie, że w ten sposób odpowiedział na wezwanie, które w sobie usłyszał. Poluje równie zwinnie jak wilk, ale tylko po to, by się odżywiać, a nie dla zabawy. Dowiaduje się również, że konieczne jest ostateczne wyzwanie; upolowanie łosia, najstarszego przywódcy swojej grupy. Ta psychologiczna i fizyczna misja zajmuje mu cztery dni.

Po powrocie do obozu Thorntona Buck odkrywa, że plemię Yeehatów właśnie zabiło wszystkich jego przyjaciół, ludzi i psy. Pełen wściekłości Buck rzuca się na plemię i zabija część z nich, reszta ucieka, jakby zaatakował ją diabeł. Choć przytłoczony śmiercią przyjaciela, Buck jest szczęśliwy, że pokonał człowieka (symbolizowanego przez rdzennych Amerykanów), "najszlachetniejszą ze wszystkich gier" (s. 83). Wie, że od tej pory nie będzie się już bał.

Następnie spotyka stado wilków, które od początku go prowokuje, atakując go i testując jego siłę. Opiera się temu wyzwaniu, a wilki uznają go za swojego przywódcę. Buck odchodzi z nimi, odpowiadając w końcu na wezwanie, które w nim rezonowało.

Rdzenni mieszkańcy mówią, że wilki w tym regionie od tego czasu się zmieniły, że są większe i nie boją się już podchodzić do gospodarstw i je atakować, ponieważ mają za przywódcę wielkiego, wspaniałego i imponującego wilka. Ten sam wilk od czasu do czasu opuszcza las, by wykrzyczeć swój smutek z brzegu rzeki, która zniosła ciało Thorntona, gdzie chata i worki ze złotem są pochłonięte przez roślinność.

STUDIUM POSTACI

BUCK

Ten pies jest krzyżówką bernardyna i owczarka szkockiego, który odziedziczył po rodzicach swoją wielkość, zachowanie, urodę i ludzką inteligencję. Jest królem posiadłości, w której się wychował, kochanym i szanowanym przez wszystkich (uważają go za "króla nad wszystkimi", "sytego arystokratę", noszącego się w "słusznie królewski sposób", s. 6).

Bycie sprzedanym, uderzonym i zamienionym w psa zaprzęgowego jest więc dla niego sporym szokiem, ale jego moralna wyższość i silny charakter uczą go przystosować się i przetrwać:

• Przestaje reagować, gdy widzi, że jego szczekanie wywołuje u mężczyzn śmiech;

• Wie, by pokazać swoją siłę, gdy jest to konieczne;

• Uczy się okradać i psychicznie dominować nad innymi (psami i ludźmi).

Na pierwszy rzut oka wydaje się, że Buck doświadcza spadku statusu społecznego i rangi; będąc takim królem, staje się psem zaprzęgowym, bitym i poniżanym. Ale na tym jego historia się nie kończy, bo dołącza do wilków i zostaje ich przywódcą. Z króla wśród ludzi wraca do bycia tym, kim jest w środku, dzięki osobistej, głębokiej historii; królem zimnej natury i swojego gatunku, wilków. Upada, by następnie zostać podniesionym wyżej. To jest proces inicjacji, podczas którego doświadcza upokarzających wyzwań.

Jego metamorfoza jest nie tylko wewnętrzna. Zmienia się również fizycznie, stając się prawdziwym północnym psem: "Jego rozwój […] był szybki. Jego mięśnie stały się twarde jak żelazo, a on sam stał się odporny na zwykły ból. Osiągnął wewnętrzną, jak i zewnętrzną oszczędność. Wzrok i węch nabrały niezwykłej ostrości, a słuch tak wielkiej […] Jego najbardziej rzucającą się w oczy cechą była umiejętność wyczuwania wiatru […]" (s. 22).

Jest on odpowiednikiem świata zwierzęcego dla Thorntona, dla pewnego ludzkiego charakteru. Pisarz czyni więc z Bucka alegorię pełnej ludzkiej podróży, na którą składają się momenty wielkości, upadki i pogodzenie się z samym sobą.

Wśród psów i wilków ustanawia się poprzez wszystkie swoje cechy.

SPITZ

Spitz, zaprzysiężony wróg Bucka, jest dobrym przywódcą stada, silnym, ale bezwzględnym. Jego siła jest tylko fizyczna (jego zęby). Symbolizuje przywódcę bez moralności i zrozumienia dla swoich pobratymców, co tłumaczy żarłoczność innych psów, gdy rzucają się na jego martwe ciało.

Podobnie jak człowiek, gdy czuje, że jego miejsce jako przywódcy jest przez kogoś zagrożone, jest przekonany, że musi go wyeliminować. Rywalizacja jest jednoznacznie rozwiązywana poprzez zastosowanie prawa dżungli.

DAVE I SOL-LEKS

Te dwa psy przypominają siebie nawzajem poprzez swoją samotność i oddanie, jakie okazują wobec pracy, która musi być wykonana.

Dave wykazuje cechę charakteru psów zaprzęgowych; ten pies ma w rzeczywistości obsesję na punkcie ciągnięcia sań, tak jak Sol-Leks. Kiedy zachoruje, nie zgadza się na ochronę i odsunięcie na bok: chce doglądać pracy, która go wyczerpała.

Dwa psy reprezentują robotnika, rzemieślnika lub po prostu sługę, którego głównym celem w życiu jest praca i który nie wyobraża sobie swojej egzystencji poza codziennymi czynnościami lub wydawanymi mu poleceniami.

PERRAULT I FRANÇOIS

Podobnie jak Dave i Sol-Leks, Perrault i François mają obsesję na punkcie pracy i poczucia obowiązku. Bardzo dbają o swoich towarzyszy podróży, psy, co jest kluczowe dla powodzenia ich biznesu: sprawiedliwie rozdzielają jedzenie, robią kapcie dla psich łap i interweniują, gdy walki między zwierzętami stają się zbyt gwałtowne. Mają poczucie odpowiedzialności, ale wiedzą też, że natura sama reguluje pewne sprawy, dlatego zostawiają Bucka i Spitza, by sami zakończyli walkę o dominację w grupie.

MANUEL

Ogrodnik, który sprzedał Bucka, uosabia ofiarę zwykłych ludzkich słabości: jest bardzo zadłużony z powodu swojej miłości do chińskiej loterii. Choć jest mało obecny w tekście, pełni ważną rolę. Przynosi lekcję moralną, która każe nam myśleć o biblijnych przypowieściach: czysta i majestatyczna dusza, taka jak Buck, może skończyć, przez błąd grzesznika lub głupca, w żałosnych sytuacjach.

HAL, CHARLES I MERCEDES

Te trzy postacie, które zginęły po utonięciu w zimnej rzece, to zapaleni odkrywcy, chciwi i niedoświadczeni. Ich wyprawa skazana jest na niepowodzenie; sam London musiał widzieć takich ludzi podczas swoich przygód na Północy.

Mercedes, mimo scen, w których litowała się nad psami, wciąż daje pisarzowi szansę na podkreślenie temperamentnego charakteru niektórych kobiet.

JACK THORNTON

Symbolizuje poszukiwacza złota, który doskonale zaadaptował się do swojego środowiska, który kocha rozległość Północy i jej izolację, sam jest nieco aspołeczny, ale bardzo przywiązany do swoich psów. Kocha je wszystkie jednakowo. Jako jedyny utrzymuje Bucka w cywilizacji, być może dlatego, że pies widzi w nim swój ludzki odpowiednik. Podobnie jak Buck, kieruje się tym samym pragnieniem bycia na szczycie i pokazania swojej wyższości.

Thornton to także literacki sobowtór Jacka Londona; ich postacie są bardzo zbliżone, a ich nazwiska mają podobne brzmienie.

ANALIZA

EPIGRAF

"Stare tęsknoty koczowniczym skokiem,

Przecierając łańcuch zwyczajów

Znowu z jego brumalowego snu

Budzą szczep ferynowy" (s. 5)

Epigramat ten jest komentarzem i wyjaśnieniem tytułu oraz tekstu, wyjaśniając i podkreślając jego znaczenie. Epigraf przedstawia więc znaczenie, zapraszając czytelnika do odczytania tekstu w określony sposób.

Ten epigramat podsumowuje zatem podróż Bucka: "zew krwi", instynkt, który szybko zaczyna w sobie odczuwać, gdy dociera na Północ, kończy się przewagą nad dobrymi zachowaniami, których nauczył się w domu sędziego Millera. Nie mógł postąpić inaczej, gdyż instynkt wyznacza przeznaczenie każdego człowieka i wystarczy jedno zdarzenie, by go obudzić: autor od początku opowieści podkreśla, że Buck został stworzony do pracy w lodowatej samotności Alaski, "kierując się tym instynktem, który pochodził z dawnych dni polowań w pierwotnym świecie" (s. 79).

NATURA CZŁOWIEKA I ZWIERZĄT

Poprzez opowieść o sumieniu i ewolucji psa, London opowiada historię, która mogłaby dotyczyć również człowieka.

To zresztą jedna z najmocniejszych stron tekstu: jest on alegorią człowieka. Opowiadając o perypetiach, doświadczeniach i wyczynach psa – historii, która, nawiasem mówiąc, mogłaby być absolutnie prawdziwa – pisarz pośrednio opowiada historię człowieka, nie ryzykując przy tym wpadnięcia w pułapkę pisania literackiej lekcji moralności.

Analogie między człowiekiem a psem są liczne, a wybór tego zwierzęcia nie był przypadkowy: pies był jednym z pierwszych zwierząt udomowionych przez człowieka, a zatem jest jednym z najstarszych towarzyszy człowieka. Więź, która rozwija się między ludźmi a ich psami w Ameryce Północnej jest znana Londonowi, dzięki jego przeszłości poszukiwacza złota. To – a także jego dzieciństwo i dorastanie, które były naznaczone trudnymi relacjami z ludźmi – nauczyło go, że natura ludzka się zmienia, że za dobrymi zachowaniami kryje się "zew rasy" i że charaktery są bardzo różne.

Psy, które London przedstawia, ilustrują to w subtelny sposób: Buck to obraz autora, wielka dusza uderzona niesprawiedliwością niektórych, pod wpływem instynktu koczowniczego, ale także, podobnie jak Thornton, poszukiwacz, który zachowuje majestatyczną postawę nawet w brutalnych warunkach Północy.

Niektóre psy ilustrują słabości człowieka, pokazane dobitnie przez Londona poprzez odkrywcze, tendencyjne przymiotniki, które im się przypisuje:

- Billee ma "nadmiernie dobry charakter";

- Joe jest "kwaśny i introspektywny";

- Pike to "sprytny malwersant i złodziej";

- Dub jest "niezręcznym bluzgaczem".

Inne służą podkreśleniu cech, które autor bardzo ceni: Skeet i Nig, dwa psy Thorntona, "nie przejawiały żadnej zazdrości wobec [Bucka]. Wydawały się dzielić życzliwość i wielkość Johna Thorntona" (s. 59).

INSTYNKT

Instynkt, który (częściowo) odpowiada za ewolucję Bucka i o którym mowa jest od epigramu, jest silniejszy od sumienia: po wielokrotnych wysiłkach odżywa i jest nie do opanowania. Wilczy skowyt kończący opowieść pokazuje ostateczny powrót Bucka do natury i jego triumf nad ludźmi i bestiami. Zwycięstwo wilczego instynktu nie przynosi jednak nic dobrego, gdyż Buck zostaje poddany rytuałowi inicjacji:

- Odkrywa krew i polowanie;

- Brata się z wilkami;

- Zabija ludzi, potwierdzając absolutne zwycięstwo instynktu;

- Integruje się z miejscem, które jest jednocześnie straszne i bardzo intymne;

- Śmierć Thorntona, jego cywilizowanego, ludzkiego odpowiednika, oznacza koniec inicjacji.

To jego wilczy instynkt daje mu siłę do dalszego działania i chęć do życia ("pierwotna bestia, która dokonała zabójstwa i uznała je za dobre", s. 36).

METAFORA PÓŁNOCY

Wybór Północy jako miejsca akcji opowieści jest ewidentnie okazją do celebrowania piękna niezbadanych, dzikich miejsc, które zachowały cechy przodków.

Ale ta zapomniana ziemia to przede wszystkim metafora drzemiącego w każdym z nas instynktu i zakopanych w nas wszystkich wspomnień z przeszłości, o czym przypomina epigramat.

Jest to również obraz mający symbolizować życie, z jego wyzwaniami i walkami, które mogą pokonać tylko najsilniejsi i najlepiej przystosowani, jak Buck – to tutaj wypływa na powierzchnię darwinizm, którego zwolennikiem był London.

Wreszcie Północ to miejsce pierwotne, miejsce pochodzenia (to tam Buck intensywniej odczuwa zew dzikiej natury, swój Instynkt wilka), z gigantycznymi lasami, w których zakopujemy się, by uciec od czasu i przestrzeni (sny Bucka o istotach będących w połowie ludźmi).

DALSZA REFLEKSJA

KILKA PYTAŃ DO PRZEMYŚLENIA...

- Po przeczytaniu powieści, jakie punkty wspólne można znaleźć między ludźmi a psami?

- W jaki sposób możemy powiedzieć, że podróż Bucka jest alegorią podróży człowieka?

- Co reprezentuje Północ?

- Jak różniłaby się ta historia, gdyby była opowiedziana z punktu widzenia człowieka, a nie Bucka?

- Jaka jest funkcja i znaczenie epigramatu powieści?

- Według Londona, co zawsze bierze górę; instynkt czy sumienie? Wyjaśnij punkt widzenia autora w tej kwestii. Co sądzisz na ten temat?

- Porównaj to dzieło z inną książką Londona – *Białym Kłem*. Jakie aspekty łączą obie powieści? Na podstawie tego porównania stwórz listę preferowanych przez autora motywów.

- Opowiadanie kończy się skowytem wilka. Jakie jest Twoim zdaniem symboliczne znaczenie tego zakończenia?

DALSZE CZYTANIE

WYDANIE REFERENCYJNE

London, J. (1903) *The Call of the Wild (pol. "Zew Krwi")*. [Online]. USA: Elegant Ebooks. [Dostęp 1 wrzesień 2016]. Dostępny w: <http://www.ibiblio.org/ebooks/London/Call%20of%20 Wild.pdf>.

BADANIA REFERENCYJNE

Genette, G. (2002) *Seuils*. Paris : Seuil.

Laffont, R. i Bompiani, V. eds. (1998) *Le Nouveau dictionnaire des auteurs.* Paris : Robert Laffont.

Laffont, R. i Bompiani, V. eds. (1994) *Le nouveau dictionnaire des œuvres.* Paris: Robert Laffont.

Université de Nice (1998) *Narratologie n° 1. Le paratexte.* Nicea : Université de Nice.

Zipes, J. (2006) *The Oxford encyclopedia of Children's Literature.* Oxford : Oxford University Press.

Chcemy usłyszeć od Ciebie, co się dzieje!
Zostaw komentarz na temat swojej internetowej biblioteki
i podziel się swoimi ulubionymi książkami w mediach społecznościowych!

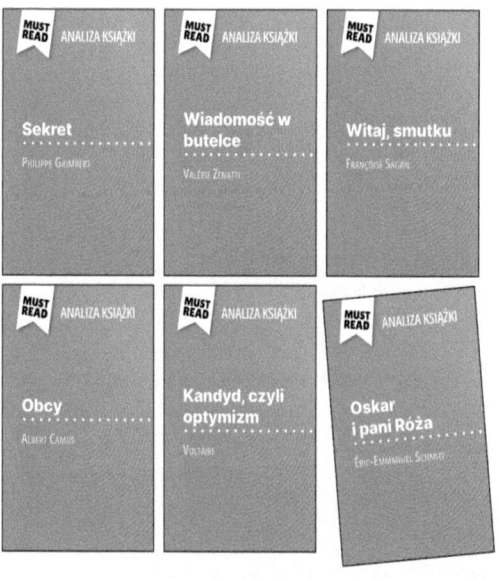

www.50minutes.com

Master ISBN: 9782808695008
Papierowy ISBN: 9782808616409
Depozyt prawny: D/2023/12603/1920

Verhaal: © Primento

Projekt cyfrowy: Primento, cyfrowy partner wydawców.